www.ingramcontent.com/pod-product-compliance
Lightning Source LLC
LaVergne TN
LVHW010419070526
838199LV00064B/5351
* 9 7 8 9 3 5 8 7 2 7 7 2 2 *

اردو غزل کا سفر
(تمثیلی مشاعرہ)

تحریر و ہدایت:
ڈاکٹر جاوید کمال

© Dr. Javeed Kamaal

Urdu Ghazal ka Safar *(Tamsiili Mushaira)*
by: Dr. Javeed Kamaal
Edition: April '2024
Publisher :
Taemeer Publications LLC (Michigan, USA / Hyderabad, India)

ISBN 978-93-5872-772-2

مصنف یا ناشر کی پیشگی اجازت کے بغیر اس کتاب کا کوئی بھی حصہ کسی بھی شکل میں بشمول ویب سائٹ پر اَپ لوڈنگ کے لیے استعمال نہ کیا جائے۔ نیز اس کتاب پر کسی بھی قسم کے تنازع کو نمٹانے کا اختیار صرف حیدرآباد (تلنگانہ) کی عدلیہ کو ہو گا۔

© ڈاکٹر جاوید کمال

کتاب	:	**اردو غزل کا سفر** (تمثیلی مشاعرہ)
مصنف	:	**ڈاکٹر جاوید کمال**
صنف	:	غیر افسانوی نثر
ناشر	:	تعمیر پبلی کیشنز (حیدرآباد، انڈیا)
سالِ اشاعت	:	۲۰۲۴ء
صفحات	:	۴۰
سرورق ڈیزائن	:	تعمیر ویب ڈیزائن

ایوان فنکار

کی

یادگار و

بے مثال پیشکش

تمثیلی مشاعرہ

(اُردو غزل کا سفر)

تحریر و ہدایت

ڈاکٹر جاوید کمال

زیر اہتمام: ایوانِ فنکار، حیدرآباد۔ فون: 9246585833

مطلع عرض ہے

میں اپنے پروردگار کا شکر گزار ہوں کہ اس نے مجھے بے حساب نعمتوں اور صلاحیتوں سے نوازا ہے اور یہ توفیق بھی عطا کی ہے کہ ان نعمتوں پر شکر بجالاؤں اور ان کا صحیح استعمال کروں۔ اللہ کا شکر ہے کہ اس نے سرکاری عہدہ عطا کر کے فارغ البال کر دیا اور دیگر نعمتوں و صلاحیتوں کے استعمال کا موقع عنایت فرمایا۔ لکھنے کی صلاحیت کے ذریعہ اردو میں ڈاکٹریٹ کی ڈگری حاصل کی اور اخبارات، ریڈیو اور ٹیلی ویژن کے لئے بے شمار مضامین، فیچرز اور ڈرامے لکھے۔ اللہ کی عطا کردہ ایک اور نعمت خوبصورت آواز کا سہارا لے کر آل انڈیا ریڈیو میں دس سال تک جز وقتی اناؤنسر کی حیثیت سے خدمات انجام دیں۔ ریڈیو اور ٹیلی ویژن چینلوں پر پیش کئے جانے والے اشتہارات میں آواز کا استعمال اور تہذیبی و ثقافتی پروگراموں میں بحیثیت کامپیئر خدمات جاری ہیں۔ درس و تدریس کی ایماندارانہ خدمات کے صلے میں شہر کی کئی تنظیموں کی جانب سے بہترین لکچرر کے ایوارڈ سے نوازا جاتا رہا ہوں۔ اداکاری، صداکاری اور ہدایت کاری کے فن کے طفیل آل انڈیا انٹر یونیورسٹی اور ریاستی سطح کے ڈرامہ مقابلوں میں انعامات کی بارش ہوتی رہی۔ بے شمار اسٹیج، ریڈیو اور ٹیلی ویژن ڈراموں میں کام کیا۔ ریڈیو اور ٹیلی ویژن کے لئے ڈرامے، فیچرز اور سیریل اپی سوڈ لکھے۔ پدمالیہ کے مشہور سیریلس جے ویر ہنومان اور بدھا کے ٹائٹل گیت لکھے۔ حیدرآباد کی پہلی ویڈیو فلم زخمی فرشتہ بنا کر خوب نام کمایا۔ پولیس ڈپارٹمنٹ حکومت آندھرا پردیش کی جانب سے منعقدہ ٹریفک سیفٹی ویک کے موقع پر بہترین نعرہ، تحریری مقابلوں میں کمشنر آف پولیس سے انعام اول حاصل کیا۔

غالب اکیڈیمی نئی دہلی کی جانب سے منعقدہ بین الاقوامی ریسرچ اسکالر سمینار میں شرکت اور اپنا مقالہ پڑھنے کا اعزاز حاصل ہوا۔

لکھنے اور ہدایت کاری کے اسی شوق نے تمثیلی مشاعرہ ''غزل کا سفر'' کو جنم دیا۔

اس تمثیلی مشاعرے کا مقصد باذوق اردو شیدائیوں کو نہ صرف تفریح فراہم کرنا ہے بلکہ اردو غزل کی ابتداء و ارتقاء اور عروج کے مختلف مراحل کو اس دور کے نمائندہ شعراء کی تمثیل کے

ذریعے مشاعروں کی مٹتی ہوئی تہذیب کو اجاگر کرنا ہے۔ اورنئی نسل میں اردو ادب وتہذیب سے دلچسپی پیدا کرنا ہے۔

''ایوان فن کار'' حیدرآباد کا ایک فعال اور ممتاز تہذیبی وثقافتی ادارہ ہے جس کے ارکان میں سنجیدہ ومزاحیہ اسٹیج ریڈیو اور ٹیلی ویژن ڈرامہ فن کار، لکچرارس، دورشہر کے ممتاز لوگ شامل ہیں ۔اس ادارہ کا مقصد صرف اور صرف تہذیب وثقافت کا فروغ ہے۔ نہ کہ دولت کا حصول۔

یہ تمثیلی مشاعرہ ''غزل کا سفر'' اب تک چھ (٦) مرتبہ کامیابی کے ساتھ پیش کیا جاچکا ہے۔ پہلی مرتبہ 17/ مئی 2008ء تلگو یونیورسٹی آڈیٹوریم، نامپلی حیدرآباد۔ دوسری مرتبہ 24/ اکٹوبر 2008ء پر یہ درشنی آڈیٹوریم باغ عامہ نامپلی۔ تیسری مرتبہ 15/فبروری 2009ء آل انڈیا ریڈیو کے اردو پروگرام نیرنگ میں۔ چوتھی مرتبہ 2/ مارچ 2010ء شعبہ اردو عثمانیہ یونیورسٹی کی جانب سے منعقدہ دوروزہ بین الاقوامی سمینار کے موقع پر اردو ہال حمایت نگر میں۔ پانچویں مرتبہ 18/ جون 2010ء سالار جنگ میوزیم آڈیٹوریم میں سالار جنگ سوم کی 121 ویں سالگرہ تقاریب کے موقع پر۔ چھٹویں مرتبہ 9/ نومبر 2010ء مولانا آزاد یونیورسٹی آڈیٹوریم میں مولانا آزاد کی سالگرہ تقاریب کے موقع پر۔

اس تمثیلی مشاعرہ کی مقبولیت اور پسندیدگی کو مدنظر رکھتے ہوئے ہم نے اسے اعلیٰ کوالٹی کے کیمروں سے ریکارڈ کرواکر DVD کی شکل میں عام ناظرین کے ہاتھوں تک پہنچانے کی ایک حقیری کوشش کی ہے اس امید کے ساتھ کہ اس کی بھی ویسی ہی پذیرائی ہوگی جیسے اس مشاعرہ کے اسٹیج شوز کو حاصل ہوتی رہی ہے۔

اور اس مشاعرہ کو کتاب کی شکل دینے کا مقصد ادبی ذوق کے حامل قارئین تک اسے پہنچانا اور اسکول وکالج اور مختلف ادبی وثقافتی اداروں کے اُن خواہشمندوں کے لیے جو اسے اسٹیج کرنا چاہتے ہوں تحریری مواد فراہم کرنا ہے تاکہ وہ سالانہ جلسوں اور ادبی و ثقافتی پروگراموں میں اسے پیش کرسکیں۔

ہم ایوان فنکار کی جانب سے اس مشاعرہ کی حوصلہ افزائی تعاون اور سرپرستی کرنے والوں کے صمیم قلب سے مشکور وممنون ہیں اور آئندہ بھی حوصلہ افزائی کے متمنی رہیں گے۔

ڈاکٹر جاوید کمالؔ (مصنف وہدایت کار)

تمثیلی مشاعرہ

﴿اردو غزل کا سفر﴾

(اسٹیج کا پردہ آہستہ آہستہ کھلتا ہے۔ مکمل پردہ کھل جانے کے بعد اسٹیج کے بالکل درمیان میں روشنی کا ایک ہالہ مدھم سے تیز ہوتا ہے ۔ اور ایک خوبصورت لڑکی پر پڑتا ہے جو تخت پر گاؤ تکیے سے ٹیک لگائے بڑے ہی شاہانہ انداز سے بیٹھی ہے۔ خوبصورت لباس ، قیمتی زیورات زیب تن کی ہوئی یہ لڑکی باوقار انداز میں تخت سے اٹھتی ہے اور خراماں خراماں چلتی ہوئی اسٹیج کے درمیانی سرے تک پہنچ جاتی ہے۔ ایک لمحہ کیلئے رک جاتی ہے۔ تبھی پس منظر سے ایک مردانی آواز ابھرتی ہے۔)

اردو ہے جس کا نام ہمیں جانتے ہیں داغؔ
ہندوستان میں دھوم ہماری زبان کی ہے

(لڑکی جو اُردو کی تمثیل ہے جھک کر ادا سے ناظرین کو سلام کرتی ہے اور کہتی ہے)

اردو : میں اردو ہوں۔ میرے چاہنے والے اپنی قابلیت اور معلومات کی بناء پر میری پیدائش کے بارے میں مختلف آراء رکھتے ہیں، کسی نے مغل شہنشاہ جلال الدین اکبر کے عہد کو میری پیدائش کا عہد قرار دیا تو کسی کا خیال ہے کہ میری پیدائش کا ذریعہ برج بھاشا ہے۔ کوئی کہتا ہے کہ پنجاب کے علاقے میں میرا جنم ہوا تو کسی کو یقین ہے کہ میں نے سندھ کے علاقے میں آنکھیں کھولی ہیں۔ بعض سمجھتے ہیں ہریانوی کی وجہ سے میرا وجود عمل میں آیا۔ عام خیال تو

یہی ہے کہ عربی آمیز فارسی اور مقامی بولی کے اختلاط نے مجھے جنم دیا اور اس نے دلی اور اس کے گرد و نواح میں پہلی سانس لی۔

سچ تو یہ ہے کہ میں اپنی پیدائش کو کسی مخصوص عہد اور خاص علاقے سے منسوب کر کے اپنے چاہنے والوں کی دل شکنی کرنا نہیں چاہتی۔ بس اپنے اطمینان قلب کے لئے یہی کافی ہے کہ آج دنیا کے ہر علاقے میں مجھے سمجھنے اور بولنے والے موجود ہیں۔

(اسٹیج کے بائیں جانب جاتے ہوئے)

مجھے ریختہ کہا گیا، لشکری بھی پکارا گیا، اردو معلّٰی نام دیا گیا، ہندوی اور ہندوستانی جیسے ناموں سے بھی نوازا گیا لیکن میں اردو نام کے ساتھ جوان ہوئی اور اپنے ظاہری حسن و جمال، پاکیزہ باطنی کردار، شیریں لب ولہجہ، وسیع القلبی، حکیمانہ سوچ و فکر اور اپنے پر اثر تحریر و تقریر اور دل میں اُتر جانے والے خوبصورت الفاظ جیسی خوبیوں کے ساتھ کروڑوں لوگوں کے دلوں میں جاگزیں ہوں۔

میں اپنی ہر دلعزیزی اور مقبولیت پر بجا طور پر ناز کرسکتی ہوں۔ کسی نے مجھے مثنوی کی شکل میں گلے لگایا تو کسی نے تذکروں کے ذریعہ میری سرپرستی کی۔ کوئی قصیدہ کے روپ میں میری ہمت افزائی کی تو بعضوں نے مرثیہ کی حیثیت میں سر پر بٹھایا۔ بہت سوں نے ناولوں کے ذریعہ مجھے ہر دلعزیز بنانے کی کوشش کی تو اَن گنت نے نظم کی صورت میں قبولِ عام بنانے کی جستجو کی۔ سینکڑوں نے افسانہ بنا کر پیش کیا تو بیسیوں نے رباعی کہکر میرے دامن کو پاکیزگی بخشی۔ ہزاروں نے مجھے غزل کے حسین پیکر میں تراش کر زندہ جاوید بنا دیا۔

میں جب بھی اپنے سراپے کا جائزہ لیتی ہوں تو لگتا ہے غزل وہ صنفِ سخن ہے جو میری کشادہ جبین پر ماتھے کے ٹیکے کی طرح جگمگا رہی ہے اور یہی ماتھے کا ٹیکہ میرے حُسن میں چار چاند لگا رہا ہے اور میری طرف دیکھنے والوں کی نظر سب سے پہلے میری کشادہ جبین پر جگمگا رہے اس ٹیکہ پر پڑتی ہے تو وہ میرے حُسن کے سحر میں کھو سے جاتے ہیں۔

(تخت پر بیٹھ جاتی ہے۔)

میں پوری ایمانداری اور وثوق کے ساتھ کہہ سکتی ہوں کہ میری ہر دلعزیزی اور مقبولیت بہت حد تک غزل کی مرہون منت ہے۔ میرے لڑکپن سے لیکر آج تک ہر دور میں غزل کے فن کو سنوارا اور سجایا گیا۔ ہر طبقے، ہر عمر اور ہر مذہب کے لوگوں نے اسے اپنے سینے سے لگایا۔ اپنے بازوؤں میں سمولیا اپنے سر آنکھوں پر بٹھایا اور اپنے دلوں میں جگہ دی۔

تو کیوں نا آج غزل کی پیدائش اُس کے لڑکپن، اُس کی جوانی پر نظر ڈالیں اور اُن غزل گو شعراء کو خراج پیش کریں جنھوں نے غزل کہکر میری حیات کو ابدیت بخش دی۔

تو آیئے آپ سب بھی غزل کے اس سفر میں میرے ساتھ ہو جایئے۔ زمانے کے ساتھ ساتھ نکھرتی ہوئی زبان، بدلتے ہوئے موضوعات، عروج پاتا ہوا تخیل، جگہ بناتا ہوا فکرو فلسفہ اور فروغ پاتی ہوئی غزل کا لطف اٹھایئے۔

(لڑکی آہستہ آہستہ چلتی ہوئی اسٹیج کے سیدھی جانب کے ونگ میں غائب ہو جاتی ہے۔ لڑکی پر پڑنے والا روشنی کا ہالہ غائب ہو جاتا ہے۔ اسٹیج پر چند لمحوں تک اندھیرا چھایا رہتا ہے۔ پھر آہستہ آہستہ رنگین روشنیاں تمام اسٹیج پر پھیل جاتی ہیں۔ خوبصورت دربار کا سیٹ لگا ہوا ہے۔ درمیان میں تخت بچھا ہوا ہے اور اس پر مسند اور گاؤ تکیے لگے ہیں۔ تخت پر قطب شاہی دور کا پانچواں بادشاہ اور اردو کا پہلا صاحب دیوان شاعر محمد قلی قطب شاہ بڑی شان وشوکت کے ساتھ مسند پر ٹیک لگائے بیٹھا ہے۔ بادشاہ کی دائیں جانب ایک چوبدار پنکھا جھیل رہا ہے اور بائیں جانب ایک چوبدار ہاتھ میں بھالا لئے کھڑا ہے۔ تخت کے سامنے کے دونوں جانب دو چوکیاں رکھیں ہیں ایک پر اشرفیوں کی تھیلیوں سے بھری کشتی ہے تو دوسری چوکی پر موتیوں سے بھری کشتی رکھی ہے۔

تخت کی دائیں جانب کچھ فاصلے پر ایک خوبصورت لڑکی فرش پر بڑے ادب سے بیٹھی ہے جس کے ذمہ شعراء کو ادب سے سلام کر کے شمع تک رہنمائی کرنا ہے۔ اور شاعر بیٹھنے کے بعد پھر سے سلام کر کے واپس اپنی جگہ بیٹھ جاتا ہے

ہر شاعر کے لئے لڑکی یہی عمل دہراتی ہے۔

پورے اسٹیج پر سفید چادروں کا بے داغ فرش بچھا ہے اور گاؤ تکیے بڑے سلیقے سے رکھے ہیں جس سے ٹیک لگائے شعراء بیٹھے ہیں۔ تھوڑے تھوڑے فاصلے پر شمع دان میں موم بتیاں جل رہی ہیں۔ اسٹیج کے درمیانی سرے پر ایک خوبصورت قالین بچھی ہے اور تین طرف گاؤ تکیے لگے ہیں اور سامنے کچھ فاصلے پر ایک شمع جل رہی ہے۔ جس کے روبرو بیٹھ کر شاعر کلام سناتا ہے۔ اسٹیج کے بائیں جانب ایک کونے پر اسٹانڈ مائیک لگا ہوا ہے جو جدید دور میں کھڑے ہو کر کلام سنانے کی نمائندگی کرتا ہے۔

اسٹیج کے دائیں جانب بیچ میں ایک چوکی پر شراب کی صراحی اور پیالے رکھے ہیں اور بائیں جانب حقہ رکھا ہوا ہے۔ ایک چوکی پر پان کی گلوریاں بھری کشتی رکھی ہے۔ یہ تمام چیزیں علامتی ہیں ان کا استعمال مشاعرہ کے دوران نہیں کیا جائے گا۔)

(پھر ایک بار اسٹیج کی روشنیاں مدہم ہوتی ہیں اور دائیں جانب کے ونگ پر روشنی کا ہالہ نمودار ہوتا ہے جہاں لڑکی (اردو) کھڑی ہے اور وہ ناظرین کو مشاعرہ کے آغاز کی اطلاع دے کر محمد قلی کو دعوت کلام دیتی ہے۔)

اردو : حضرات اردو غزل کو جس نے سب سے پہلے گلے لگایا وہ تھا محمد قلی قطب شاہ، قطب شاہی دور کا پانچواں بادشاہ، چنچل و شوخ طبعیت کا حامل، شعر و شاعری کا دلدادہ، شاعروں و ادیبوں کا سرپرست اور سب سے بڑھ کر خود بھی ایک اچھا شاعر۔ اس منچلے عاشق مزاج بادشاہ نے مجھے گلے نہ لگایا ہوتا تو کیا اردو کا پہلا صاحب دیوان شاعر ہونے کا شرف اُسے حاصل ہوتا۔

تو لیجئے اسی منچلے بادشاہ کی شاعرانہ عظمت کو داد و تحسین کے ساتھ دعوتِ کلام دیتے ہیں اور خواہش کرتے ہیں کہ دکنی میں کہی گئی اپنی غزل سے ہمیں سرفراز فرمائے۔

(حامل شمع لڑکی اپنی جگہ سے اٹھتی ہے اور محمد قلی کے قریب جا کر جھک کر سلام کرتی ہے اور محمد قلی کی شمع تک رہنمائی کرتی ہے۔ قلی کے قالین پر بیٹھ جانے کے بعد کچھ دور ہٹ کر مودب کھڑی ہو جاتی ہے۔)

محمد قلی :-

حضرات میں اتا بڑا شاعر نئیں ہوں، ہمن سوں پہلے ہاشمی، ملا خیالی، محمود، فیروز اور ملا وجہی جیسے شاعراں بہوت اچ اچھی شاعری کی ہور غزلاں بی کہیں ۔ یہ تے لوگاں کا پرم ہے کی منجے شاعر سمجھتیں، میں تو بس دل میں آئے سو خیالات لکھ تیج رتا ہوں۔ لو سنو ایک شاعری۔

سب اختیار میرا تج ہاتھ ہے پیارا
جس حال سوں رکھے گا ، ہے او خوشی ہمارا

نیناں انجھوں سوں دھوؤں پگ اپ، پلک سوں جھاڑوں
جے گئی خبر سولیاوے مکھ پھول کا تمہارا

بتخانہ نین تیرے ہور بت نین کیاں پتلیاں
مجھ نین میں پوجاری ، پوجا ادھاں ہمارا

اُس پتلیاں کی صورت گئی خواب میں جو دیکھے
رشک آئے مج ، کرے مت کوئی سجدہ اُس دوارا

تج خیال کی ہوس تے ہے جیو ہمن سو زندہ
او خیال کد نہ جاوے ہم سر تے تک بہارا

(کلام کے بیچ بیچ میں واہ، واہ، سبحان اللہ، بہت خوب کا شور)

(حامل شمع لڑکی محمد قلی کے کلام ختم کرنے پر اسے جھک کر سلام کرتی ہے اور شاہی تخت تک اس کی رہنمائی کرتی ہے۔ اور پھر سلام کر کے اپنی جگہ واپس بیٹھ جاتی ہے۔)

(اسٹیج کی روشنی کم ہوتی ہے اور دائیں جانب کے ونگ پر روشنی پڑتی ہے جہاں اُردو نمودار ہوتی ہے اور کہتی ہے)

اردو : محبان اردو یہ تھی غزل کے سفر کی شروعات۔ محمد قلی سے پہلے بھی غزلیں کہی گئیں لیکن باضابطہ غزل کہنے کا سہرا محمد قلی کے سر ہی جاتا ہے۔

آیئے غزل کے سفر میں ایک قدم اور آگے بڑھاتے ہیں۔ دکنی میں ولیؔ اورنگ آبادی نام کا ایک شاعر ہے سچ تو یہ ہے کہ ولیؔ کے بغیر دکنی شاعری کا تصور نہیں کیا جاسکتا کیونکہ ولیؔ دکنی، محمد قلی قطب شاہ کے بعد دکن کا سب سے ممتاز و مقبول شاعر ہے۔ اس کی شاعری نے نہ صرف دکنی کو چار چاند لگا دیئے بلکہ شمالی ہند کے فارسی گو شعراء بھی اس کے کلام سے متاثر ہو کر اردو میں شاعری کرنے کی جانب راغب ہوئے۔ ولیؔ کے کلام میں تغزل، اخلاقی مضامین، تخیل کی گہرائی، صاف و شیریں زبان، برجستگی اور کیف، سوز و گداز اور سادگی بیان سب کچھ ہے۔

آپ خود ہی ملاحظہ فرمایئے۔ شمع کے روبرو ہیں ولی دکنی

(لڑکی شمع تک ولیؔ کی رہنمائی کرتی ہے)

ولیؔ :-

حضرات کل ایچ ایک غزل دل اُپر آئی۔ تے لوگاں کیئں تو (کہیں) پڑتوں۔ اچھی دِسے تو واہ واہ کردئی تو نئیں۔

شراب شوق میں سرشار ہیں ہم -- کبھو بے خود، کبھو ہشیار ہیں ہم
دورنگی سو تری اے سرو رعنا -- کبھو راضی کبھو بیزار ہیں ہم
ترے تسخیر کرنے میں سری جن -- کبھو ناداں کبھو عیار ہیں ہم

صنم ! ترے نین کی آرزو میں -- کبھو سالم کبھو بیمار ہیں ہم
ولی ! وصل و جدائی سو صنم کی -- کبھو صحرا ، کبھو گلزار ہیں ہم

(واہ واہ اور بہت خوب کا شور بلند ہوتا ہے۔)

ولی :- تمے لوگاں مری اس شاعری کو اِتا مان دیئیں ۔ ہمن پاس لفظ نئیں اُہے شکریہ بولنے کو۔

(ولی شعراء کو سلام کرتے ہوئے محمد قلی کے قریب جاتے ہیں۔ محمد قلی اشرفیوں کی تھیلی ولی کو دیتے ہیں ولی سلام کر کے اپنی جگہ بیٹھ جاتے ہیں۔)

(اسٹیج کی روشنی کم ہوتی ہے اور دائیں جانب کے ونگ پر روشنی پڑتی ہے جہاں اُردو نمودار ہوتی ہے اور کہتی ہے)

اردو : بہی خواہان اردو، غزل نے دکن سے شمالی ہند کی طرف رختِ سفر باندھا اور ولی کے کلام نے اہل دلی کو اپنی جانب راغب کیا جس کا نتیجہ یہ ہوا کہ دلی کے فارسی گو شعراء نے بھی اردو میں شعر کہنے کی ابتداء کی لیکن ابتداء میں اردو شاعری ایہام گوئی میں مبتلا ہوگئی۔ سراج الدین علی خان آرزو، نجم الدین آبرو، محمد شاکر ناجی اور شیخ شرف الدین مضمون ایہام گو شعراء میں شمار کئے جاتے ہیں۔

ایہام گوئی کا لطف اٹھانے کے لئے آیئے دعوت کلام دیتے ہیں۔ سراج الدین علی خاں آرزو کو۔

(حامل شمع لڑکی آرزو کو سلام کر کے شمع تک رہنمائی کرتی ہے)

آرزو:-

صاحبان ایہام کا مطلب ذو معنیٰ الفاظ۔ ایہام گوئی میں شاعر ایک طرف ذو معنی الفاظ تلاش کرتا ہے اور دوسری طرف ان میں معنیٰ کا ربط بھی پیدا کرتا ہے۔ اس کے لئے جان گھلانا اور خون جگر صرف کرنا پڑتا ہے۔ ایہام گوئی کا مقصد سننے والوں میں حیرت اور تلاشِ معنی کے ذریعہ دلچسپی پیدا کرنا ہے۔ غزل کے چند اشعار ملاحظہ فرمایئے۔

بھولے بن کر حال نہ پوچھو بہتے ہیں اشک تو بہنے دو
جس سے بڑھے بے چینی دل کی ایسی تسلی رہنے دو

رسمیں اس اندھیر نگری کی نئی نہیں یہ پرانی ہیں
مہر پہ ڈالو رات کا پردہ ماہ کو روشن رہنے دو

روح نکل کر باغ جہاں سے باغ جناں میں جا پہنچے
چہرے پہ اپنے میری نگاہیں اتنی دیر تو رہنے دو

خندۂ گل بلبل میں ہوگا گل میں نغمہ بلبل کا
قصہ ایک، زبانیں دو ہیں آپ کہو یا کہنے دو

(آرزو، محمد قلی کے قریب پہنچتے ہیں سلام کرتے ہیں، محمد قلی اشرفیوں کی تھیلی شاعر کے حوالے کرتے ہیں۔شاعر پھر سلام کر کے اپنی جگہ بیٹھ جاتا ہے۔)

(اسٹیج کی روشنی کم ہوتی ہے اور دائیں جانب کے ونگ پر روشنی پڑتی ہے جہاں اُردو نمودار ہوتی ہے اور کہتی ہے)

اردو : محسنانان اردو، ایہام گوئی پر جہاں آبرو، آرزو، ناجی اور حاتم کو ناز تھا وہیں مظہر جانِ جاناں نے غزل کو ایہام گوئی سے پاک کرنے کی کوشش کی اور فطری اظہار پر زور دیا۔

انعام اللہ خاں یقینؔ وہ غزل گو شاعر ہیں جنہوں نے ایہام گوئی کے دور میں صاف اور پاکیزہ اردو غزلیں کہیں جس کی پیروی بعد کے آنے والے شعراء نے بھی کی۔

تو لیجئے انعام اللہ خاں یقینؔ کے پاکیزہ اور صاف ریختہ میں کہی غزل کا لطف لینے کے لئے انہیں دعوتِ سخن دیتے ہیں اور شمع کے روبرو آنے کی درخواست کرتے ہیں۔

انعام اللہ خاں یقیںؔ۔

چھٹے اس زندگی کی قید سے ، اور داد کو پہنچے
وصیّت ہے ہمارا خوں بہا ، جلاد کو پہنچے

نہ نکلا کام کچھ اس صبر سے اب نالہ کرتا ہوں
مری فریاد ہی شاید ، مری فریاد کو پہنچے

ہمیں اس غم کے ہاتھوں ، زندگانی خوش نہیں آتی
کوئی بیداد گر یارب ، ہماری داد کو پہنچے

بہار آئی ہے جب سے ،تب سے رگ میں تھم نہیں سکتا
دعا اس مشتِ خوں کی نشتر فصاد کو پہنچے

یقیںؔ ،تقلید میں سرمت پٹک پتھر پہ ، آ بس کر
یہ ممکن ہی نہیں ہر سر چڑا فرہاد کو پہنچے

(واہ واہ کی آوازیں گونجنے لگتی ہیں)

(یقیںؔ، محمد قلی کے قریب پہنچتے ہیں سلام کرتے ہیں، محمد قلی اشرفیوں کی تھیلی شاعر کے حوالے کرتے ہیں۔شاعر پھر سلام کر کے اپنی جگہ بیٹھ جاتا ہے۔)

(اسٹیج کی روشنی کم ہوتی ہے اور دائیں جانب کے ونگ پر روشنی پڑتی ہے جہاں اُردو نمودار ہوتی ہے اور کہتی ہے)

اردو : حضرات ایہام گوئی سے جب شاعری آزاد ہوئی تو غزل کے سفر میں ایک اہم موڑ آیا اور میر تقی میرؔ نے وارداتِ قلب کو سیدھی سادی زبان میں ڈھال کر غزل کا روپ دیدیا اور نہ صرف خود "خدائے سخن" کہلائے بلکہ غزل کے فن کو بھی عروج بخشا۔

میر تقی میرؔ اپنے عہد کے عظیم شاعر ہیں جہاں بڑے بڑے ناقدین نے ان کی عظمت کا اعتراف کیا وہیں سوداؔ، ذوقؔ اور غالبؔ جیسے استادانِ سخن نے انہیں خراج تحسین پیش کیا ہے۔

سر پرستانِ اردو، غزل کے اس عروج کا نظارہ کرنے کے لئے اور خدائے سخن سے آپ کو روبرو کرنے کے لئے دعوت کلام دی جاتی ہے۔ میر تقی میر کو۔

(حامل شمع لڑکی میر تقی میر کو سلام کر کے شمع تک رہنمائی کرتی ہے)

میر تقی میر:۔

حضرات میری شاعری میرے دل کا سوز ہے۔ جس کرب انگیز حالات سے میں گزر رہا ہوں اور جو کچھ ان حالات کا اثر میرے دل پر پڑتا ہے اُسی کو میں شعر کے سانچے میں ڈھال کر آپ کے سامنے پیش کر دیتا ہوں۔

مجھ کو شاعر نہ کہو میر کہ صاحب ہم نے
درد و غم کتنے کئے جمع تو دیوان کیا

بہر حال آپ کے حکم کی تعمیل میں لیجئے پیش کر رہا ہوں اپنی یہ غزل۔ سماعت فرمائیں۔

فقیرانہ آئے صدا کر چلے -- میاں خوش رہو ہم دعا کر چلے
جو تجھ بن نہ جینے کو کہتے تھے ہم -- سو اس عہد کو اب وفا کر چلے
شفا اپنی تقدیر ہی میں نہ تھی -- کہ مقدور تک تو دوا کر چلے
بہت آرزو تھی گلی کی تری -- سو یاں سے لہو میں نہا کر چلے
دکھائی دیے یوں کہ بے خود کیا -- ہمیں آپ سے بھی جدا کر چلے
جبیں سجدہ کرتے ہی کرتے گئی -- حق بندگی ہم ادا کر چلے

(واہ واہ، بہت خوب کا شور بلند ہوتا ہے)

(میر تقی میر، محمد قلی کے قریب پہنچتے ہیں سلام کرتے ہیں، محمد قلی اشرفیوں کی تھیلی شاعر کے حوالے کرتے ہیں۔ شاعر پھر سلام کر کے اپنی جگہ بیٹھ جاتا ہے۔)

(اسٹیج کی روشنی کم ہوتی ہے اور دائیں جانب کے ونگ پر روشنی پڑتی ہے جہاں اُردو نمودار ہوتی ہے اور کہتی ہے)

اردو : صاحبو۔ دلی کئی بار اجڑی اور آباد ہوئی۔ غزل کی قسمت بھی چونکہ دلی سے

وابستہ تھی اس لئے غزل نے بھی کئی عروج وزوال کا سامنا کیا۔غزل نے دلی کی بربادی کے بعد لکھنؤ کوچ کیا اور وہاں اپنی متانت سنجیدگی اور بلند خیالی کو خیر باد کہہ دیا اور ایک نیا لبادہ اوڑھ لیا۔لکھنؤ کے عیش پرستانہ ماحول میں اسے خوب نکھرنے اور سنورنے کا موقع ملا۔عورتوں کی زبان میں شاعری کرنے (یعنی ریختی) کا رواج بھی چل پڑا۔

جس کی بنیاد دکن میں ہاشمی بیجاپوری نے ڈالدی تھی۔انشاءاللہ خان انشاؔ اور رنگینؔ نے ریختی میں شاعری کے ذریعہ غزل کو ایک نیا انداز دیا۔

امام بخش ناسخؔ اور خواجہ حیدر علی آتشؔ نے زبان کی تراش خراش، صفائی اور محاورات پر خاص توجہ دی اور غزل کے فن کو نکھارنے میں اہم حصہ ادا کیا۔ناسخؔ اور آتشؔ لکھنؤ اسکول کے نمائندہ شعراء ہیں۔

لکھنؤی رنگ آپ حضرات کو دِکھانے کے لئے میں مدعو کر رہی ہوں خواجہ حیدر علی آتشؔ کو۔

(حامل شمع لڑکی آتشؔ کو سلام کر کے شمع تک رہنمائی کرتی ہے)

آتشؔ:۔

صاحبان محفل میرے نزدیک شاعری صرف صفائی اور سادگی سے بات کہنا ہی نہیں بلکہ ایک تخلیق اور مصوری بھی ہے جس کے بغیر شاعری اپنی وسعتوں سے محروم ہو کر محض عام بات بن کر رہ جاتی ہے۔میں نے کہاں تک یہ حق ادا کیا ہے۔اس کا فیصلہ آپ ہی کریں۔

سن تو سہی جہاں میں ہے تیرا فسانہ کیا
کہتی ہے تجھ کو خلق خدا غائبانہ کیا

زینہ صبا کا ڈھونڈھتی ہے اپنی مشتِ خاک
بامِ بلند یار کا ہے آستانہ کیا

طبل و علم نہ پاس ہے اپنے، نہ ملک و مال
ہم سے خلاف ہو کے کرے گا زمانہ کیا

آتی ہے کس طرح سے مری قبضِ روح کو
دیکھوں تو موت ڈھونڈ رہی ہے بہانہ کیا

یوں مدعی حسد سے نہ دے داد، تو نہ دے
آتشؔ غزل یہ تُو نے کہی عاشقانہ کیا

(واہ واہ کا شور بلند ہوتا ہے)

آتشؔ:-

شکریہ، مہربانی، نوازش آپ حضرات کو غزل پسند آئی۔

(آتشؔ، محمد قلی کے قریب پہنچتے ہیں سلام کرتے ہیں، محمد قلی اشرفیوں کی تھیلی شاعر کے حوالے کرتے ہیں۔ شاعر پھر سلام کر کے اپنی جگہ بیٹھ جاتا ہے۔)

(اسٹیج کی روشنی کم ہوتی ہے اور دائیں جانب کے ونگ پر روشنی پڑتی ہے جہاں اُردو نمودار ہوتی ہے اور کہتی ہے)

اردو: خواتین و حضرات اِدھر دلی میں شیخ ابراہیم ذوقؔ کے مشقِ سخن نے انہیں استاد ذوقؔ بنا دیا اور وہ ولی عہد بہادر کے کلام پر بھی اصلاح دینے لگے اور دربار سے اپنی قابلیت کی بناء پر خاقانی ہند کا خطاب پایا۔ غزلوں میں اختصار، برجستگی اور قدرے رنگینی کے ساتھ ساتھ، تغزل بھی پایا جاتا ہے۔ زبان اور محاورات کی کشش متوجہ کر لیتی ہے۔

تو آیئے ہم سب بھی متوجہ ہو جاتے ہیں اُستاد ذوقؔ کی طرف۔ اور ان سے گزارش کرتے ہیں کہ وہ اپنے استادانہ کلام سے نوازیں۔

(حامل شمع لڑکی ذوقؔ کو سلام کر کے شمع تک رہنمائی کرتی ہے)

ذوقؔ:-

وقت پیری شباب کی باتیں
ایسی ہیں جیسے خواب کی باتیں

پھر مجھے لے چلا اُدھر دیکھو
دل خانہ خراب کی باتیں

مہہ جبیں یاد ہیں کہ بھول گئے
وہ شب ماہتاب کی باتیں

جام مئے منہ سے تو لگا اپنے
چھوڑ شرم و حجاب کی باتیں

مجھ کو رسوا کریں گی خوب اے دل
یہ تری اضطراب کی باتیں

(ذوقؔ، محمد قلی کے قریب پہنچتے ہیں سلام کرتے ہیں، محمد قلی اشرفیوں کی تھیلی شاعر کے حوالے کرتے ہیں۔ شاعر پھر سلام کر کے اپنی جگہ بیٹھ جاتا ہے۔)

(اسٹیج کی روشنی کم ہوتی ہے اور دائیں جانب کے ونگ پر روشنی پڑتی ہے جہاں اُردو نمودار ہوتی ہے اور کہتی ہے)

اردو: صاحبو، مرزا اسد اللہ خاں غالبؔ کے بغیر اردو غزل کا تصور ناممکن ہے اردو شاعری کے لئے غالبؔ کا عہد، عہد زرین کی حیثیت رکھتا ہے اور غالبؔ اپنے عہد کے سب سے نامور اور ممتاز شاعر ہیں۔ اردو شاعری ان کے احسان سے کبھی عہدہ برآں نہیں ہوسکتی۔ غالبؔ نے غزل میں نئے موضوعات اور نئے مضامین داخل کر کے اُس کا دامن وسیع کر دیا۔ شوخی و ظرافت کے ساتھ ساتھ فلسفیانہ اور حکیمانہ انداز بھی ان کی غزلوں میں ملتا ہے۔ بہادر شاہ ظفر کی استادی کا بھی شرف حاصل رہا ہے۔

دیکھیں غالبؔ کا خود اپنے بارے میں کیا کہنا ہے۔ شمع کے روبرو تشریف لا رہے ہیں مرزا غالبؔ

(حامل شمع لڑکی غالبؔ کو سلام کر کے شمع تک رہنمائی کرتی ہے)

غالب :-

حضرات میرے آباء واجداد کا پیشہ سپاہ گری تھا جس پر مجھے ناز ہے لیکن کم عمری سے مجھے شاعری کا شوق پیدا ہوا اور ابتداء میں مشکل پسندی کی وجہ سے لوگ میرے کلام کو ناپسند کرنے لگے پھر میں نے اپنی فطرت کو اپنا استاد بنایا اور پھر میرا کلام آسان اور عام فہم ہوتا گیا۔ آپ حضرات کی حوصلہ افزائی نے مجھے مسلسل شعر کہنے پر مجبور کر دیا۔

غزل کا مطلع عرض ہے۔

کوئی امید بر نہیں آتی
کوئی صورت نظر نہیں آتی

موت کا ایک دن معین ہے
نیند کیوں رات بھر نہیں آتی

آگے آتی تھی حال دل پہ ہنسی
اب کسی بات پر نہیں آتی

جانتا ہوں ثوابِ طاعت و زہد
پر طبیعت ادھر نہیں آتی

ہے کچھ ایسی ہی بات ، جو چپ ہوں
ورنہ کیا بات کر نہیں آتی

ہم وہاں ہیں ، جہاں سے ہم کو بھی
کچھ ہماری خبر نہیں آتی

کعبہ کس منہ سے جاؤ گے غالبؔ
شرم تم کو مگر نہیں آتی

(واہ واہ کا بہت زیادہ شور بلند ہوتا ہے۔ غالبؔ سب کو سلام کرتے ہیں اور محمد قلی کے قریب جاتے ہیں۔ محمد قلی کھڑے ہو کر اپنے گلے سے موتیوں کی مالا نکال کر غالبؔ کے گلے میں ڈالتے ہیں۔ غالبؔ قلی کو سلام کر کے اپنی جگہ آ کر بیٹھ جاتے ہیں۔)

(اسٹیج کی روشنی کم ہوتی ہے اور دائیں جانب کے ونگ پر روشنی پڑتی ہے جہاں اُردو نمودار ہوتی ہے اور کہتی ہے)

اردو: صاحبان اسی دور کے ایک اور اہم شاعر حکیم مومن خاں مومنؔ ہیں جنہوں نے غزل میں ایک اچھوتے انداز کی بنیاد ڈالی۔ نازک خیالی اور مضمون آفرینی ان کے کلام کی اہم خصوصیات ہیں۔ مرزا غالبؔ نے ان حضرت کا ایک شعر۔

تم میرے پاس ہوتے ہو گویا جب کوئی دوسرا نہیں ہوتا

سن کر کہا تھا، کاش مومن خاں میرا سارا دیوان لے لیتے اور صرف یہ شعر مجھ کو دیدیتے۔ تو لیجئے مومن خاں مومنؔ سے یہ پوری غزل ہی سنیئے۔

(حامل شمع لڑکی مومنؔ کو سلام کر کے شمع تک رہنمائی کرتی ہے)

مومنؔ:-

حضرات یہ مرزا غالبؔ کی عظمت ہے کہ انہوں نے میرے شعر کی قدر و قیمت کو بڑھا دیا ورنہ میری شاعری کسی بھی لحاظ سے غالبؔ کے کلام کا مقابلہ نہیں کر سکتی۔ میں مرزا غالبؔ اور آپ حضرات کا مشکور ہوں کہ آپ نے پسندیدگی کی سند عطا کی۔

تو لیجئے۔ حاضر ہے یہ غزل۔ مطلع عرض ہے۔

اثر اس کو ذرا نہیں ہوتا
رنج، راحت فزا نہیں ہوتا

بے وفا کہنے کی شکایت ہے
تو بھی وعدہ وفا نہیں ہوتا

ذکر اغیار سے ہوا معلوم
حرفِ ناصح بُرا نہیں ہوتا

شعر دیکھئے۔

تم ہمارے کسی طرح نہ ہوئے
ورنہ دنیا میں کیا نہیں ہوتا

یہ شعر غالبؔ صاحب کی نذر ہے:

تم مرے پاس ہوتے ہو گویا
جب کوئی دوسرا نہیں ہوتا

(مومنؔ سب کی طرف ہاتھ اٹھا کر سلام کرتے ہیں اور محمد قلی کے قریب جاتے ہیں محمد قلی اشرفیوں کی تھیلی مومنؔ کے حوالے کرتے ہیں اور وہ سلام کر کے اپنی جگہ بیٹھ جاتے ہیں)

(اسٹیج کی روشنی کم ہوتی ہے اور دائیں جانب کے ونگ پر روشنی پڑتی ہے جہاں اُردو نمودار ہوتی ہے اور کہتی ہے)

اردو: پرستارانِ غزل۔ اس دور میں غزل اپنے پورے شباب پر تھی۔ شاہ نصیرؔ، داغؔ، ابراہیم ذوقؔ، مرزا غالبؔ، مومن خان مومنؔ، بہادر شاہ ظفرؔ اور مصطفیٰ خاں شیفتہؔ نے اپنے اپنے رنگ میں غزل کے فن کو خوب چمکایا جس کی وجہ سے یہ دور، اردو شاعری کا زرین دور کہلاتا ہے۔

قدر دانِ اردو، غزل نے اس وقت ایک خوبصورت انگڑائی لی، جب خواتین نے بھی غزل میں طبع آزمائی شروع کی۔ یوں تو غزل گو خواتین شعراء کے ان گنت نام لئے جاسکتے ہیں لیکن نواب نظام علی خاں آصف جاہ ثانی کے دور سے تعلق رکھنے والی شاعرہ لطف النساء بیگم امتیازؔ کو پہلی صاحب دیوان شاعرہ ہونے کا اعزاز حاصل ہے۔

لطف النساء بیگم امتیاز ایک باکمال غزل گو شاعرہ ہے ان کے کلام میں اس عہد کے ادبی رجحانات میں ہونے والی تبدیلیوں کا پتہ چلتا ہے۔ امتیاز نے بحروں کے انتخاب، زبان اور انداز بیان میں بھی انفرادی انداز اپنایا ہے۔

تو لیجئے دعوت کلام دیتے ہیں دکن کی باکمال، پہلی صاحب دیوان شاعرہ۔ لطف النساء بیگم امتیاز کو۔

(حامل شمع لڑکی امتیاز کو سلام کر کے شمع تک رہنمائی کرتی ہے)

امتیاز النساء امتیاز:

(محمد قلی اور دوسرے شعراء کی طرف نظر کر کے اجازت ہے؟ محمد قلی ہاتھ سے اشارہ کرتے ہیں اور تمام شعراء ارشاد ارشاد کہتے ہیں)

غزل کا مطلع دیکھئے

آنکھوں میں تری حسن کی اب جلوہ گری ہے
دیدار کے وعدہ کی یہی وعدہ گری ہے

ہوجائے ابھی جلوہ جو وہ حسنِ دل آراء
کیا ہوئے مزہ مج سے اگر عشوہ گری ہے

مضطر ہوں میں موسیٰ کی طرح برق ہو جیسا
دِکھلاوے تجلی تو یہی مہر گری ہے

تُو دیکھے اگر ناز و تبسم سے میں جی دوں
گر آوے پسند میری ادا بندہ گری ہے

امتیاز کیا خاک کو آئینہ سرکار
نادِر تو یہی اس کی عجب شیشہ گری ہے

(تمام شعراء بھرپور داد دیتے ہیں امتیاز ان کی طرف جھک جھک کر سلام کرتی ہے اور محمد قلی کے قریب جاتی ہے، محمد قلی اشرفیوں کی تھیلی اس کے حوالے کرتے ہیں)

(اسٹیج کی روشنی کم ہوتی ہے اور دائیں جانب کے ونگ پر روشنی پڑتی ہے
جہاں اُردو نمودار ہوتی ہے اور کہتی ہے)

اُردو: حضرات! حیدرآباد دکن کو یہ اعزاز حاصل ہے کہ اردو کا پہلا صاحب دیوان شاعر محمد قلی قطب شاہ۔ اردو کی پہلی اور دوسری صاحب دیوان شاعرات لطف النساء امتیاز اور ماہ لقابائی چندا بھی اسی سرزمین سے تعلق رکھتی ہیں۔

جی ہاں غزل گو شاعرات میں ایک اور اہم نام ماہِ لقابائی چندا کا ہے۔ دکن سے تعلق رکھنے والی، آصف جاہ ثانی کے دربار سے وابستہ، ماہ لقابائی چندا نہ صرف صاحب دیوان شاعرہ ہے بلکہ ماہر موسیقی، خوش گلو اور ماہر رقاصہ بھی ہے۔ ماہ لقا کے کلام میں تغزل کے ساتھ ساتھ، ساز و نغمے کا سریلا پن اور رقص کرتی ہوئی زندگی کی جھلک نمایاں نظر آتی ہے۔

تو آیئے ملتے ہیں ماہ لقابائی چندا سے۔

(حاملِ شمع لڑکی ماہ لقا کو سلام کر کے شمع تک رہنمائی کرتی ہے)

ماہِ لقابائی چندا:

غزل کا مطلع عرض کرتی ہوں سماعت فرمایئے۔

عالم تری نگہ سے ہے سرشار دیکھنا
میری طرف بھی ٹک تُو بھلا یار دیکھنا

ناداں سے ایک عمر رہا مجھ کو ربطِ عشق
دانا سے اب پڑا ہے سروکار دیکھنا

ناصح عبث کرے ہے منع مجھ کو عشق سے
آجائے وہ نظر تو پھر انکار دیکھنا

چندا کو تم سے چشم یہ ہے یا علیؑ کہ ہو
خاکِ نجف کو سرمۂ ابصار دیکھنا

(تمام شعراء بھرپور داد دیتے ہیں ماہِ لقا ان کی طرف جھک جھک کر سلام کرتی

ہے اور محمد قلی کے قریب جاتی ہے، محمد قلی اشرفیوں کی تھیلی اس کے حوالے کرتے ہیں۔)

(اسٹیج کی روشنی کم ہوتی ہے اور دائیں جانب کے ونگ پر روشنی پڑتی ہے جہاں اُردو نمودار ہوتی ہے اور کہتی ہے)

اردو: نواب مرزا خاں داغؔ دہلوی نے غزل میں زندہ دلی اور مخصوص معاملہ بندی کے ذریعہ ایک خاص طرز ایجاد کی۔ جلی کٹی، طعن و تشنیع، فقرے بازی اور طنز و تعریض اپنے کلام میں داخل کر کے اسے منفرد بنایا۔ جسے پڑھنے اور سننے سے خوشی اور فرحت کا احساس ہوتا ہے۔ حضرت داغؔ کو بہادر شاہ ظفر اور محبوب علی خان والی دکن کا استاد اور ولی عہد رام پور کلب علی خاں، کا مصاحب خاص ہونے کا بھی اعزاز حاصل رہا۔ یہ ہیں داغ دہلوی۔

(حامل شمع لڑکی داغؔ کو سلام کر کے شمع تک رہنمائی کرتی ہے)

داغؔ:- غزل کا مطلع سماعت فرمائیں عرض کیا ہے۔

عذر آنے میں بھی ہے اور بلاتے بھی نہیں
باعث ترک ملاقات بتاتے بھی نہیں

منتظر ہیں دم رخصت کہ یہ مر جائے تو جائیں
پھر یہ احسان کہ ہم چھوڑ کے جاتے بھی نہیں

سر اٹھاؤ تو سہی ، آنکھ ملاؤ تو سہی
نشہ مے بھی نہیں ، نیند کے ماتے بھی نہیں

شعر پر توجہ چاہوں گا :-

خوب پردہ ہے کہ چلمن سے لگے بیٹھے ہیں
صاف چھپتے بھی نہیں سامنے آتے بھی نہیں

دیکھتے ہی مجھے محفل میں یہ ارشاد ہوا
کون بیٹھا ہے ، اسے لوگ اٹھاتے بھی نہیں

مقطع عرض ہے

زیست سے تنگ ہوائے داغؔ، تو کیوں جیتے ہو
جان پیاری بھی نہیں، جان سے جاتے بھی نہیں

(تمام شعراء بھرپور داد دیتے ہیں داغؔ ان کی طرف جھک جھک کر سلام کرتے ہیں اور محمد قلی کے قریب جاتے ہیں، محمد قلی اشرفیوں کی تھیلی ان کے حوالے کرتے ہیں۔)

(اسٹیج کی روشنی کم ہوتی ہے اور دائیں جانب کے ونگ پر روشنی پڑتی ہے جہاں اُردو نمودار ہوتی ہے اور کہتی ہے)

اردو: حضرات اس طرح غزل کا سفر جاری رہا۔لیکن جدید دور میں کچھ عرصے کے لئے غزل کو تیزی سے آگے بڑھتی ہوئی صنف نظم کے لئے راستہ بنانا پڑا۔شاعر، حُسن کی رسمی دنیا سے نکل کر حقیقت پسندی کی طرف مائل ہونے لگا اور نظم کی سرپرستی و ہمت افزائی کی جانے لگی۔غزل جمود کا شکار ہوگئی۔

لیکن یہ حالات زیادہ دنوں تک برقرار نہیں رہے۔غزل نے نئی تبدیلیوں اور خیال میں وسعت و رفعت کے ساتھ اپنا سفر پھر شروع کیا۔اس دور میں سید فضل الحسن حسرت موہانی نے غزل کے نحیف و ناتواں پیکر میں ایک نئی قوت بھر دی۔بے کیفی کو دور کر کے، تغزل کو تیز کیا۔انہوں نے غزل کو صرف حسن و عشق کی واردات تک محدود نہ رکھتے ہوئے اس میں کئی موضوعات اور نئے نئے خیالات کو جگہ دی اس طرح غزل نے ایک بار پھر تر و تازہ ہو کر اپنے سفر کا دوبارہ آغاز کیا۔حسرتؔ کی شاعری کی سب سے بڑی خصوصیت یہ ہے کہ انہوں نے متوسط اور شریف گھرانے کی اُس عورت کو شاعری میں جگہ دی جو ان کی محبوبہ ہے۔وہ محبت تو کرتی ہے لیکن اقرار کرتے ہوئے جھجکتی ہے۔وہ فطری حیا کا پیکر ہے۔

تو آیئے حسرتؔ کے اس محبوب سے ملتے ہیں۔شمع کے روبرو آنے کی دعوت دیتے ہیں حسرتؔ موہانی کو

(حامل شمع لڑکی حسرتؔ کو سلام کر کے شمع تک رہنمائی کرتی ہے)

حسرت موہانیؔ :-

غزل کا مطلع سُنئے۔

حُسن بے پرواہ کو خود بین و خود آراء کردیا
کیا کیا میں نے کہ اظہار تمنا کردیا

پڑھ کے تیرا خط مرے دل کی عجب حالت ہوئی
اضطراب شوق نے اک حشر برپا کردیا

اب نہیں دل کو کسی صورت کسی پہلو قرار
اس نگاہِ ناز نے کیا سحر ایسا کردیا

عشق سے تیرے بڑھے کیا کیا دلوں کے مرتبے
مہر ذروں کو کیا ، قطروں کو دریا کردیا

کیوں نہ ہوں تیری محبت سے منور جان و دل
شمع جب روشن ہوئی گھر میں اجالا کردیا

سب غلط کہتے تھے لطف یار کو وجہ سکوں
دردِ دل اس نے تو حسرتؔ اور دونا کردیا

(تمام شعراء بھرپور داد دیتے ہیں حسرتؔ، محمد قلی کے قریب جاتے ہیں، محمد قلی اشرفیوں کی تھیلی ان کے حوالے کرتے ہیں۔)

(اسٹیج کی روشنی کم ہوتی ہے اور دائیں جانب کے ونگ پر روشنی پڑتی ہے جہاں اُردو نمودار ہوتی ہے اور کہتی ہے)

اردو: ناظرین عہد جدید میں نظم کی سرپرستی اور غزل پر شدید نکتہ چینی کے باوجود غزل نے یہ ثابت کردیا کہ اس میں بھی بدلتے حالات کا ساتھ دینے کی پوری صلاحیت موجود

ہے اس طرح غزل نے اپنا دائرہ وسیع کر کے پوری زندگی کو اپنی گرفت میں لے لیا۔

اُس دور میں علی سکندر جگر مراد آبادی نے عشق مجازی کی مختلف کیفیات کو اپنی غزلوں میں پیش کر دیا۔ محبت اور شراب کی سرشاری نے ان کے اشعار میں مستی، بے خودی اور وارفتگی کی کیفیت پیدا کر دی۔ سہل اور شیریں الفاظ، رواں اور دلکش زبان جگر کی غزلوں کی خصوصیات ہیں۔ آیئے ملاحظہ فرمائیں۔ مائیک پر تشریف لا رہے ہیں جگر مراد آبادی

(حامل شمع لڑکی جگر کو سلام کر کے مائیک تک رہنمائی کرتی ہے)

جگر:- حضرات غزل کا مطلع پیش خدمت ہے۔

ہم کو مٹا سکے یہ زمانے میں دم نہیں
ہم سے زمانہ خود ہے زمانے سے ہم نہیں

شعر پہ توجہ چاہوں گا

یارب ہجوم درد کو دے اور وسعتیں
دامن تو کیا ابھی مری آنکھیں بھی نم نہیں

شکوہ تو ایک چھیڑ ہے، لیکن حقیقتاً
ترا ستم بھی تیری عنایت سے کم نہیں

زاہد کچھ اور ہو نہ ہو مے خانہ میں مگر
کیا کم یہ ہے کہ فتنۂ دیر و حرم نہیں

مقطع عرض کیا ہے

مرگ جگر پہ کیوں تری آنکھیں ہیں اشک ریز
اک سانحہ سہی مگر اتنا اہم نہیں

(بہت خوب، سبحان اللہ، واہ واہ کا شور بلند ہوتا ہے۔ محمد قلی کے قریب جاتے ہیں، محمد قلی اشرفیوں کی تھیلی ان کے حوالے کرتے ہیں۔ اور جگر سب کو سلام کر کے بیٹھ جاتے ہیں۔)

(اسٹیج کی روشنی کم ہوتی ہے اور دائیں جانب کے ونگ پر روشنی پڑتی ہے جہاں اُردو نمودار ہوتی ہے اور کہتی ہے)

اردو: صاحبان، غزل کے حسن اور ہردلعزیزی نے اُس دور میں رگھوپتی سہائے کو بھی متاثر کیا اور انگریزی کا پروفیسر، گیان پیٹھ ایوارڈ یافتہ یہ شخص فراقؔ تخلص اختیار کر کے اردو غزل کی دنیا میں اپنا ایک منفرد مقام بنالیا۔ فراقؔ کی شاعری میں سکون، نرمی اور ٹھنڈک کا احساس ہوتا ہے اور وہ ہندی کے نرم و شیریں الفاظ کو بھی بڑے سلیقے سے اپنی غزلوں میں استعمال کرتے ہیں۔ آپ کے روبرو ہیں فراقؔ گورکھپوری۔

(حامل شمع لڑکی فراقؔ کو سلام کر کے مائیک تک رہنمائی کرتی ہے)

پروفیسر رگھوپتی سہائے فراقؔ:

حضرات جو مان سمان آپ لوگوں نے میری شاعری کو دیا ہے اُس کا دھنیہ واد کرنے کے لیئے میرے پاس شبد نہیں ہیں۔ یہ غزل میں آپ تمام کی نذر کرتا ہوں۔

فراق:- عرض کیا ہے۔

بہت پہلے سے ان قدموں کی آہٹ جان لیتے ہیں
تجھے اے زندگی ہم دور سے پہچان لیتے ہیں

جسے کہتی ہے دنیا کامیابی وائے نادانی
اسے کن قیمتوں پر کامیاب انسان لیتے ہیں

طبعیت اپنی گھبراتی ہے جب سنسان راتوں میں
ہم ایسے میں تری یادوں کی چادر تان لیتے ہیں

خود اپنا فیصلہ بھی عشق میں کافی نہیں ہوتا
اسے بھی کیسے کر گزریں جو دل میں ٹھان لیتے ہیں

شعر سنیے

زمانہ واردات قلب سننے کو ترستا ہے
اِسی سے تو سر آنکھوں پر مرا دیوان لیتے ہیں

(بہت خوب، سبحان اللہ، واہ واہ کا شور بلند ہوتا ہے۔ فراقؔ، محمد قلی کے قریب جاتے ہیں، محمد قلی اشرفیوں کی تھیلی ان کے حوالے کرتے ہیں۔ اور وہ سب کو سلام کر کے بیٹھ جاتے ہیں۔)

(اسٹیج کی روشنی کم ہوتی ہے اور دائیں جانب کے ونگ پر روشنی پڑتی ہے جہاں اُردو نمودار ہوتی ہے اور کہتی ہے)

اردو: محبان اردو خواتین شعراء میں عہد جدید میں غزل کو خوب سجانے سنوارنے میں ایک نام پروین شاکر کا بھی ہے اس شاعرہ نے خوبصورت غزلیں کہہ کر بہت شہرت و مقبولیت حاصل کی اور کئی ایوارڈز سے نوازی جاتی رہیں۔ تو آیئے ہم بھی اسے داد و تحسین سے نوازتے ہیں اور مائیک کے روبرو آنے کی دعوت دیتے ہیں۔

پروینؔ شاکر :

ایک خوبصورت غزل آپ کی نظر کر رہی ہوں امید کرتی ہوں کہ آپ کو پسند آئے گی۔ غزل کا مطلع کچھ یوں ہے۔

وہ تو خوشبو ہے، ہواؤں میں بکھر جائے گا
مسئلہ پھول کا ہے پھول کدھر جائے گا

ہم تو سمجھے تھے کہ ایک زخم ہے بھر جائے گا
کیا خبر تھی کہ رگِ جان میں اتر جائے گا

وہ جب آئے گا تو پھر اس کی رفاقت کے لئے
موسمِ گل مرے آنگن میں ٹھہر جائے گا

آخرش وہ بھی کہیں ریت پر بیٹھا ہوگا

تیرا یہ پیار بھی دریا ہے اتر جائے گا

وہ ہواؤں کی طرح خانہ بہ جان پھرتا ہے
ایک جھونکا ہے جو آئے گا گزر جائے گا

مجھ کو تہذیب کے برزخ کا بنایا وارث
جرم یہ بھی میرے اجداد کے سر جائے گا

(بہت خوب، سبحان اللہ، واہ واہ کا شور بلند ہوتا ہے۔ پروین، محمد قلی کے قریب جاتی ہے، محمد قلی اشرفیوں کی تھیلی اس کے حوالے کرتے ہیں۔ اور وہ سب کو سلام کر کے بیٹھ جاتی ہے۔)

(اسٹیج کی روشنی کم ہوتی ہے اور دائیں جانب کے ونگ پر روشنی پڑتی ہے جہاں اُردو نمودار ہوتی ہے اور کہتی ہے)

اردو: حضرات اس طرح غزل اپنے دامن کو وسیع کرتی رہی اور اس کے چاہنے والوں کا حلقہ بھی وسیع تر ہوتا گیا۔ دور کے ایک انقلاب نے غزل پر بھی اپنا گہرا اثر چھوڑا۔ جس کی وجہ سے حسن کاری پر توجہ کم ہوگئی، مواد اور موضوع پر زور دیا جانے لگا اس کا مقصد شعر و ادب کو عوام کے قریب لانا اور عوام کی امنگوں کا ترجمان بنانا تھا۔ اس ادبی انقلاب نے غزل کی بھرپور مخالفت کی لیکن اسی مخالفت نے ادبی تحریک کو زوال سے دوچار کر دیا۔ لیکن اس دور میں بھی چند شعراء ایسے گزرے ہیں جنھوں نے غزل کا دامن بھی تھامے رکھا۔ انہی میں سے ایک ہیں مخدوم محی الدین، ترقی پسند شاعری کے نمائندہ شاعر مخدوم محنت کشوں کے شاعر ہیں اور اپنی شاعری میں اُن کی امنگوں کی ترجمانی کرتے ہیں۔ ان کی شاعری حوصلہ مندی کی تعلیم دیتی ہے۔ مایوسی و ناامیدی کو قریب آنے نہیں دیتی۔ سُرخ سویرا، گل تر اور بساط رقص مجموعوں کے خالق ہیں۔

میں دعوت کلام دے رہی ہوں مخدوم محی الدین کو۔

(حامل شمع لڑکی مخدوم کو سلام کر کے مائیک تک رہنمائی کرتی ہے)

مخدوم:- حضرات میں نظم کا شاعر ہوں۔ غزلیں بھی کہیں ہیں لیکن بہت کم۔

لیجئے حاضر ہے ایک غزل۔امید کرتا ہوں کہ آپ حضرات کو پسند آئے گی۔عرض کیا ہے۔

آپ کی یاد آتی رہی رات بھر
چشم نم مسکراتی رہی رات بھر

رات بھر درد کی شمع جلتی رہی
غم کی لو تھرتھراتی رہی رات بھر

بانسری کی سریلی سہانی صدا
یاد بن بن کے آتی رہی رات بھر

یاد کے چاند دل میں اترتے رہے
چاندنی جگمگاتی رہی رات بھر

کوئی دیوانہ گلیوں میں پھرتا رہا
کوئی آواز آتی رہی رات بھر

(بہت خوب، سبحان اللہ، واہ واہ کا شور بلند ہوتا ہے۔مخدوم، محمد قلی کے قریب جاتے ہیں، محمد قلی اشرفیوں کی تھیلی ان کے حوالے کرتے ہیں۔اور مخدوم سب کو سلام کر کے بیٹھ جاتے ہیں۔)

(اسٹیج کی روشنی کم ہوتی ہے اور دائیں جانب کے ونگ پر روشنی پڑتی ہے جہاں اُردو نمودار ہوتی ہے اور کہتی ہے)

اردو: معزز شرکائے محفل آزادی کے تقریباً دس بارہ سال بعد غزل میں ایک نئی تبدیلی رونما ہوئی اور اس دور کی غزل کو ہم نئی غزل کہتے ہیں اور اس نئی غزل میں شاعر نے اپنی انفرادیت، اپنے مزاج اور تجربات و محسوسات کو پیش کیا۔جن شعراء نے انتخاب الفاظ میں خلوص سے کام لیا وہ کامیاب رہے۔اس دور کے سب سے ممتاز شاعر ہیں شاذ تمکنت۔

حضرات شاذ تمکنت نے جہاں نظم نگاری میں اپنی انفرادیت قائم رکھی وہیں غزل کو بھی نیا رنگ دیا۔شاذ کی غزل روایت کی پاس دار ہوتے ہوئے بھی غیر روایتی ہے اور اپنے ہم عصر

شعراء کی غزل گوئی سے بھی مختلف۔

تو لیجئے دکن کے قابل سپوت، شاعر بے مثال آپ کے روبرو ہیں۔

(حامل شمع لڑکی شاذؔ کو سلام کر کے مائیک تک رہنمائی کرتی ہے)

شاذؔ تمکنت :-

حضرات میں شعر کسی پیغام کی خاطر یا درس دینے کے لئے نہیں کہتا۔ دیانت داری کی بات یہ ہے کہ شعر ہو یا افسانہ اول اول فن کار اپنی تسکین کے لئے، اپنی انا کو سکون بخشنے کی خاطر تخلیق کرتا ہے۔ یہ بھی ممکن ہے کہ یہ متاع ہنر آخر آخر اتنی دل پذیر ہو جائے کہ شاعر اپنے پر اہل دہر کا قیاس کرے۔

لیجئے پیش خدمت ہے ایک غزل۔

مطلع کچھ یوں ہے۔

کچھ عجب آن سے لوگوں میں رہا کرتے تھے
ہم خفا رہ کے بھی آپس میں ملا کرتے تھے

اتنی تہذیب رہ و رسم تو باقی تھی کہ وہ
لاکھ رنجش سہی وعدہ تو وفا کرتے تھے

اس نے پوچھا تھا کئی بار مگر کیا کرتے
ہم مزاجاً ہی پریشان رہا کرتے تھے

ایک چپ چاپ لگن سی تھی ترے بارے میں
لوگ آ آ کے سناتے تھے سنا کرتے تھے

اس کو ہمراہ لئے آتے تھے میری خاطر
مرے غم خوار مرے حق میں برا کرتے تھے

شعر سنیئے کہ

زندگی ہم سے ترے ناز اٹھائے نہ گئے
سانس لینے کی فقط رسم ادا کرتے تھے

مقطع عرض کیا ہے۔

ہم برس پڑتے تھے شاؔذ اپنی ہی تنہائی پر
ابر کی طرح کسی در سے اٹھا کرتے تھے

(بہت خوب، سبحان اللہ، واہ واہ کا شور بلند ہوتا ہے۔ شاؔذ محمد قلی کے قریب جاتے ہیں، محمد قلی اشرفیوں کی تھیلی ان کے حوالے کرتے ہیں۔ اور شاؔذ سب کو سلام کر کے بیٹھ جاتے ہیں۔)

(آہستہ آہستہ اسٹیج کی تمام روشنیاں گل ہو جاتی ہیں اسٹیج پر چند لمحوں کے لئے اندھیرا چھا جاتا ہے۔ دوبارہ جب روشنی نمودار ہوتی ہے تو اسٹیج پر صرف اُردو درمیان میں رکھے تخت پر بیٹھی ہے جس طرح مشاعرہ کے شروعات میں بیٹھی تھی۔ پورا اسٹیج روشن ہو جانے کے بعد اُردو آہستہ آہستہ چلتی ہوئی اسٹیج کے سرے تک پہنچ جاتی ہے۔ اور کہتی ہے)

اردو: مداحان اردو، غزل کا یہ سفر جاری ہے اور جاری رہے گا۔ جب تک آپ جیسے سرپرست صاحبان، چاہنے والے اور جاں نثارانِ اردو زندہ رہیں گے اردو بھی یقیناً زندہ رہے گی اور جب تک اردو زندہ ہے، غزل کا یہ سفر جاری ہی رہے گا۔ اب میں آپ سے الوداع کہنا چاہتی ہوں اس یقین کے ساتھ کہ

(اردو جھک کر ناظرین کو سلام کرتی ہے اور اسی پوزیشن میں کھڑی رہتی ہے۔ پیچھے سے ایک مردانی آواز گونجتی ہے۔

مجھے یقیں ہے جب تک ہے یہ دکن باقی
جئے گی اردو کہ اردو کا ہے وطن باقی

(بشیر النساء بیگم بشیر)

(اسٹیج کی روشنیاں آہستہ آہستہ بند ہو جاتی ہیں اور پردہ گرتا ہے)

آج تک کے مظاہروں میں حصہ لینے والے شعراء اور فن کاروں کے نام

(1	پس منظر آواز (اردو)	ڈاکٹر حمیرہ سعید
(2	اردو	دردانہ مسکان، خدیجہ تبسم
(3	حامل شمع	مرزا معظم علی بیگ نعمان ۔ رحمت النساء
(4	محمد قلی	یوسف الدین یوسف
(5	ولی اورنگ آبادی	اطیب اعجاز ۔ محبوب خاں اصغر
(6	سراج الدین علی خاں آرزو	عظیم اقبال
(7	انعام اللہ خاں یقین	واجد پاشاہ
(8	میر تقی میر	سلیم خاں ۔ قادر جیلانی ۔ ابراہیم ایاز
(9	خواجہ حیدر علی آتش	سید عارف
(10	شیخ ابراہیم ذوق	محمد نیر اعظم
(11	مرزا غالب	عزیز ناگپوری
(12	مرزا داغ دہلوی	ڈاکٹر معین امر بمبو ۔ ڈاکٹر شیخ سلیم
(13	مومن خان مومن	شیخ اقبال
(14	لطف النساء امتیاز	واجدہ تبسم ۔ سبیتا سونی
(15	ماہ لقابائی چندا	زیبا انجم ۔ سیدہ عشرہ فاطمہ
(16	حسرت موہانی	مرزا حامد بیگ
(17	جگر مراد آبادی	وحید پاشاہ قادری
(18	فراق گورکھپوری	حسین مجاہد، ڈاکٹر ایم اے قوی ۔ محبوب خاں اصغر

(19	پروین شاکر	واجدہ تبسم
(20	مخدوم محی الدین	ماسٹر شفیع، عثمان الاسلام، انوار آعظم
(21	شاذ تمکنت	محی الدین قادر جیلانی، سید معظم عارف
(22	چوبدار	ابوبکر بن علی یافعی
(23	چوبدار	محمد زاہد الدین
(24	چوبدار	محمد عبدالباسط
(25	چوبدار	افتخار احمد خان

پروڈکشن

اسسٹنٹ ڈائرکٹرز	پروفیسر تا تار خاں، محمد نیر اعظم، ڈاکٹر معین امر بمبو
پروڈکشن منیجر	محمد عبدالسمیع ذیشان
پروڈکشن اسسٹنٹس	مرزا مہر علی بیگ فواد، مرزا معظم علی بیگ نعمان، مرزا نہال بیگ عامر، مرزا مجتبیٰ علی بیگ فرحان، مرزا اکرم علی بیگ فرقان، مرزا محسن علی بیگ عماد
میک اپ	محی الدین پیا ☆ ماسٹر شفیع
کاسٹیومس	بابوراؤ کاسٹیومس سپلائرز۔ کوٹھی
لائیٹس و مائیک	سائی لائٹس، کاچی گوڑہ
کیمرہ یونٹ	مسٹر مدن گپتا (کیمرہ مین)
ٹائٹلس و گرافکس	سید احمد، ایس ایم پرنٹرس، چھتہ بازار، حیدرآباد۔
کمپیوٹر کتابت	محمد یونس علی (الاکرم گرافکس، سعید آباد)

محسنین و معاونین کے اسمائے گرامی

- عالیجناب ظہیرالدین علی خاں، مینجنگ ایڈیٹر روزنامہ سیاست
- ڈاکٹر وہاب قیصر، انچارج کنٹرولر آف امتحانات۔ مولانا آزاد یونیورسٹی
- ڈاکٹر فاطمہ پروین، وائس پرنسپل آرٹس کالج و سابق صدر شعبہ اُردو جامعہ عثمانیہ
- محترمہ لکشمی دیوی راج، ممتاز سماجی کارکن
- پروفیسر تا تار خان، شعبہ اُردو جامعہ عثمانیہ
- عالیجناب عبدالرحیم خان، معتمد انجمن ترقی اُردو، آندھرا پردیش
- عالیجناب محمد امتیاز علی تاج، اسسٹنٹ ڈائرکٹر دوردرشن، حیدرآباد۔
- عالیجناب نواب احترام علی خان، معزز رکن سالار جنگ میوزیم بورڈ۔
- عالیجناب ذاکر حسین، معزز رکن سالار جنگ میوزیم بورڈ۔
- عالیجناب محمد قمرالدین، انجینئر ان چیف ریٹائرڈ، ٹرائبل ویلفیر
- عالیجناب جے ایس افتخار، سینئر رپورٹر روزنامہ ہندو۔
- عالیجناب سید فاضل حسین پرویز، ایڈیٹر ہفتہ روزہ گواہ۔
- عالیجناب ایم اے ماجد، نیوز ایڈیٹر روزنامہ اعتماد۔
- عالیجناب محسن جلگانوی، انچارج اوراقِ ادب روزنامہ اعتماد۔
- عالیجناب ڈاکٹر محمد عطا اللہ خان، پرنسپل اورینٹل کالج، حمایت نگر، حیدرآباد۔
- عالیجناب باقر حسین شاذ، ایڈیٹر روزنامہ سازِ دکن۔
- عالیجناب مصطفیٰ علی سروری، صدر شعبہ صحافت مولانا آزاد یونیورسٹی۔
- عالیجناب ایف ایم سلیم، چیف نیوز بیورو، روزنامہ ہندی ملاپ۔
- عالیجناب ایم اے حق، فوٹو جرنلسٹ
- عالیجناب علی بن عبداللہ مرحوم، سینئر رپورٹر انڈین ایکسپریس

******

اندرا پریہ درشنی آڈیٹوریم باغ عامہ نامپلی میں تمثیلی مشاعرہ کے انعقاد کے موقع پر لی گئی گروپ فوٹو

اُردو ہال حمایت نگر میں تمثیلی مشاعرہ کے انعقاد کے موقع پر لی گئی گروپ فوٹو

شعبہ اُردو جامعہ عثمانیہ کی جانب سے منعقدہ دو روزہ بین الاقوامی سمینار کے موقع پر اُردو ہال حمایت نگر میں مشاعرہ کا انعقاد

سالار جنگ سوم کی سالگرہ تقاریب کے سلسلے میں سالار جنگ ہال میں تمثیلی مشاعرہ کے انعقاد کے موقع پر لی گئی گروپ فوٹو

سی ڈی کی تیاری کے لیے شوٹنگ کے موقع پر لی گئی تصویر

مولانا آزاد کی سالگرہ تقاریب کے سلسلے میں مولانا آزاد قومی اُردو یونیورسٹی میں تمثیلی مشاعرہ کے انعقاد کے موقع پر لی گئی گروپ فوٹو